RICO DESIGN

KREUZSTICH
KRUISSTEEK
CROSS STITCH
POINT DE CROIX
PUNTO IN CROCE

FestlichDekoriert

FESTIVE DECORATION – DÉCOR DE FÊTE – FEESTELIJKE DECORATIE – DECORAZIONE DI FESTA

No. 64

26 STICKIDEEN • EMBROIDERY IDEAS • IDEES DE BRODERIE • BORDUURIDEETJES • IDEE DA RICAMO

VON • BY • DE • VAN • DA
Michael Lindner, Annette Jungmann & Gudrun Link

SYMBOLERKLÄRUNG

▲ Motiv-Mitte
Q: Zählstoff
/ Konturen/Steppstich
✂: Zuschnitt

KEY TO SYMBOLS

▲ Centre of design
Q: evenweave fabric
/ Back stitch
✂: Size of material required

EXPLICATION DES SYMBOLES

▲ Centre du motif
/ Contours/point arrière
Q: toile pour point de croix compté
✂: Dimensions de la fourniture

SYMBOOLVERKLARING

▲ Midden van het motief
Q: telstof
/ Stiksteken
✂: Afmeting benodigde stof

SPIEGAZIONE DI SIMBOLI

▲ Centro del motivo
Q: Tessuto da ricamo
/ Contorni/trapunto
✂: Taglio

WASCHANLEITUNG • WASHING INSTRUCTION
INSTRUCTIONS DE LAVAGE
WASVOORSCHRIFT • ISTRUZIONI DA LAVAGGIO

40°

Bezugsquellen-Nachweis & Impressum befindet sich auf der letzten Seite.
List of suppliers and contributors on last page.
Pour commander les fournitures, voir dernière page.
Voor verkoopinformatie zie laatste pagina.
Fornitori & indicazioni editoriali, v. ultima pagina.

DESIGN: 73598

Bild • Picture • Tableau • Beeld • Quadro: **24 x 30 cm**, Q: **Art. 17406.15.94** Aida hellblau • Aida light blue Aida bleue claire • Aida lichtblauw • Aida azzurro chiaro ✂ **30 x 40 cm, Art. 05958.00.00** Passepartout/Rahmen Mount/Frame • Passepartout/Cardre en bois • Passepartout/Houtenlijst • Passepartout/Cornice

ticktwist und Garnverbrauch in ganzen Metern
mount of thread required in metres • Fournitures métrage
enodigd garen in meters • Occorrente di filato da ricamo a metri
ESIGN: 73598

2	8 m	**266**	1 m	**375**	4 m
293	1 m	**268**	2 m	**360**	2 m
297	1 m	**862**	1 m	**403**	2 m
876	1 m	**372**	1 m		
169	1 m	**373**	3 m		

Anchor Sticktwist von Coats GmbH

D

2-fädig sticken/Konturen 1-fädig.

GB

Stitch using 2 strands of embroidery thread /use 1 strand for back stitch.

F

A broder avec 2 brins/contours avec 1 brin.

NL

Met 2 draadjes splijtgaren borduren/stiksteken met 1 draadje.

I

Ricamare con 2 fili/contorni con 1 filo.

1. **DESIGN: 73611, Art. 05324.00.00** Schachtel achteckig • Box octagonal • Boîte octagonale • Doos achthoekig Scatola ottogonale **4,5 x 5 cm**, Q: **Art. 17273.15.94** Aida blau • Aida blue • Aida bleue • Aida blauw Aida/azzurro ✂ **13 x 13 cm**

2. **DESIGN: 73612, Art. 05323.00.00** Schachtel rechteckig • Box rectangular • Boîte rectangulaire • Doos rechthoekig Scatola rettangolare **5 x 12,5 x 10 cm**, Q: **Art. 17273.15.94** Aida blau • Aida blue • Aida bleue • Aida blauw Aida/azzurro ✂ **16 x 13 cm**

3. **DESIGN: 73613, Art. 05322.00.00** Schachtel rund • Box round • Boîte ronde • Doos rond • Scatola rotonda **11 x 5 cm**, Q: **Art. 17273.15.94** Aida blau • Aida blue • Aida bleue • Aida blauw Aida azzurro ✂ **13 x 13 cm**

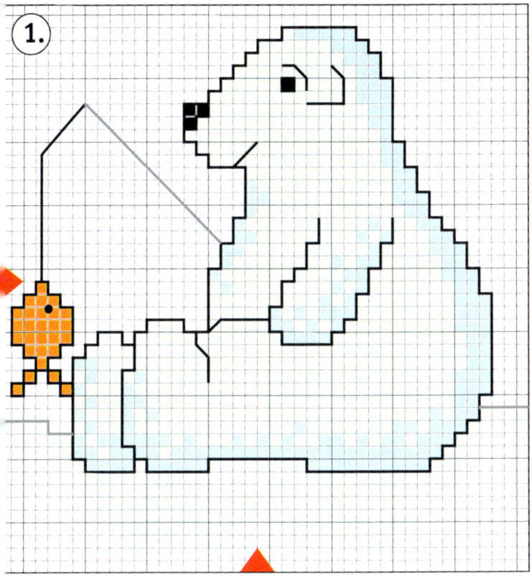

)

ı-fädig sticken/Konturen 1-fädig/Silber 301 mit
ganzem Faden sticken.

GB

Stitch using 2 strands of embroidery thread /use 1 strand
or back stitch/Use 1 strand of silver 301.

A broder avec 2 brins/contours avec 1 brin/Broder
argent 301 avec 1 brin.

NL

Met 2 draadjes splijtgaren borduren/steksteken met
. draadje/Zilver 301 met 1 draadje borduren.

Ricamare con 2 fili/contorni con 1 filo/Ricamare in
argente 301 con filo intero.

Sticktwist und Garnverbrauch in ganzen Metern
Amount of thread required in metres
Fournitures métrage
Benodigd garen in meters
Occorrente di filato da ricamo a metri

1. DESIGN: 73611

1	5 m
314	1 m
120	2 m
403	2 m

Anchor Sticktwist von Coats GmbH

METALLIC
silber • silver • argent • zilver • argente

301	2 m

2. DESIGN: 73612

1	2 m
314	1 m
130	2 m
403	2 m

Anchor Sticktwist von Coats GmbH

METALLIC
silber • silver • argent • zilver • argente

301	7 m

3. DESIGN: 73613

1	4 m
314	1 m
130	2 m
403	2 m

Anchor Sticktwist von Coats GmbH

METALLIC
silber • silver • argent • zilver • argente

301	5 m

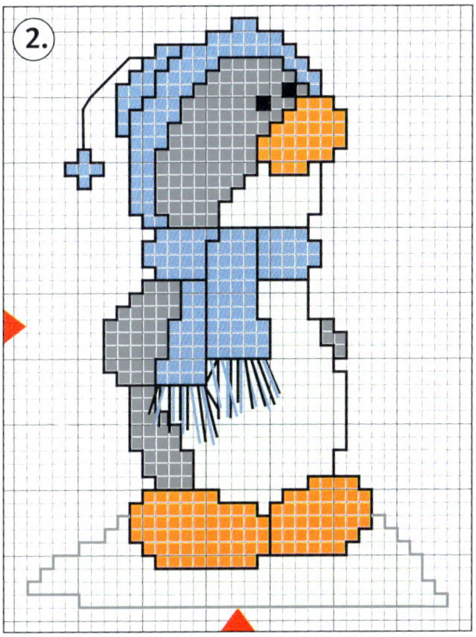

DESIGN: 73605

Art. 05381.00.00 Holz-Klapptannenbaum • Wooden folding fir • Sapin pliant en bois • Houtvouwspar Abete ribaltabile di legno **47 x 29,5 cm**, Q: **Art. 17406.15.94** Aida hellblau • Aida light blue • Aida bleue claire Aida lichtblauw • Aida azzurro chiaro ✂ **20 x 24 cm**

D 2-fädig sticken/Konturen 1-fädig/Silber 301 mit ganzem Faden sticken.
GB Stitch using 2 strands of embroidery thread/use 1 strand for back stitch/Use 1 strand of silver 301.
F A broder avec 2 brins/contours avec 1 brin/Broder argent 301 avec 1 brin.
NL Met 2 draadjes splijtgaren borduren/steksteken met 1 draadje/Zilver 301 met 1 draadje borduren.
I Ricamare con 2 fili/contorni con 1 filo/Ricamare in argente 301 con filo intero.

Sticktwist und Garnverbrauch in ganzen Metern • Amount of thread required in metres
Fournitures métrage • Benodigd garen in meters • Occorrente di filato da ricamo a metri

DESIGN: 73605

1	4 m	46	1 m	109	3 m	121	3 m
4146	1 m	95	3 m	119	3 m	122	3 m
316	1 m	97	2 m	128	2 m	403	3 m

METALLIC
silber • silver • argent
zilver • argente
301 7 m

Anchor
Sticktwist
von
COATS Coats GmbH

DESIGN: 73614
Art. 17413.50.11 Läufer – hellblau/blau/silber • Runner – light blue/blue/silver • Chemin de table – bleu clair/bleu/arge
Tafelloper – lichtblauw/blauw/zilver • Guida – azzurro chiaro/azzurro/argente: **40 x 85 cm**

DESIGN: 73618

Beutel • Bag • Sac • Zak • Borsa **32,5 x 43,5 cm**, Q: **Art. 17414.17.98** rot/grün/gold • red/green/gold • rouge/vert/or rood/groen/goud • rosso/verdi/oro ✂ **43 x 109 cm**

DESIGN: 73619

Beutel • Bag • Sac • Zak • Borsa **32,5 x 43,5 cm**, Q: **Art. 17415.17.98** wollweiß/beige/gold • off-white/beige/gold blanc-écru/écru/or • gebroken wit/beige/goud • bianco di lana/beige/oro ✂ **43 x 109 cm**

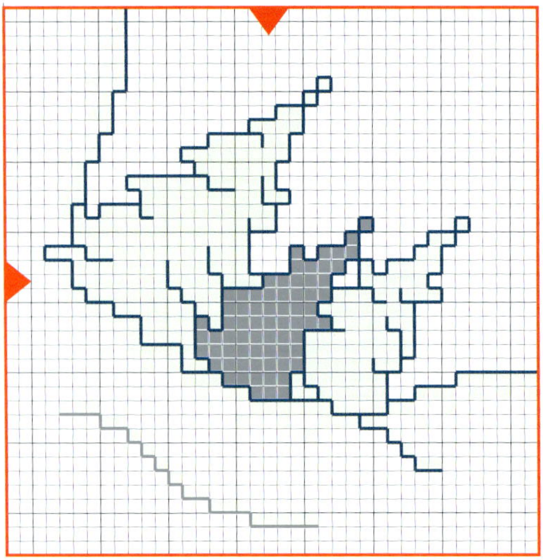

D

3-fädig über 3 Gewebefäden sticken/Konturen 2-fädig/ Silber 301 mit ganzem Faden sticken.

GB

Stitch over 3 threads, using 3 strands of embroidery thread/use 2 strands for back stitch/Use 1 strand of silver 301.

F

A broder sur 3 x 3 fils de trame, avec 3 brins de Mouliné/ contours avec 2 brins/Broder argent 301 avec 1 brin.

NL

Met 3 draadjes splijtgaren over 3 weefseldraden borduren/ stiksteken met 2 draadjes/Zilver 301 met 1 draadje borduren.

I

Ricamare con 3 fili su 3 fili del tessuto/contorni 2 fili/ Ricamare in argente 301 con filo intero.

Sticktwist und Garnverbrauch in ganzen Strängchen & Metern
Amount of thread required in skeins and metres
Fournitures et métrage du fil
Benodigd garen in strengen en meters
Filato e hilo in matessine e metri completi

DESIGN: 73614

1	6 x	**117**	2 x
4146	1 x	**122**	2 x
10	1 x	**149**	2 x
128	1 x	**403**	3 x

METALLIC

silber • silver • argent • zilver • argente

301	40 m

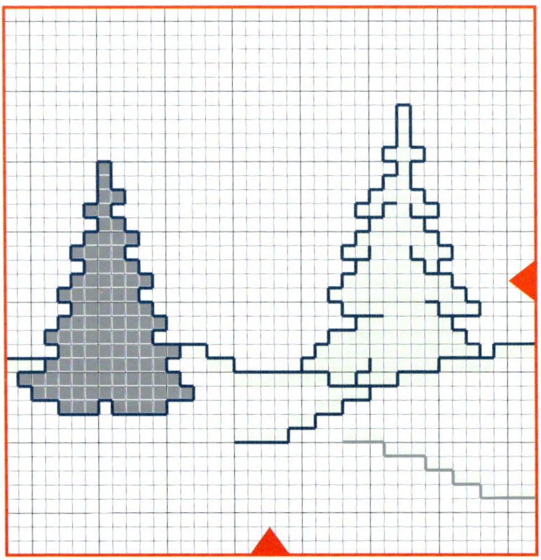

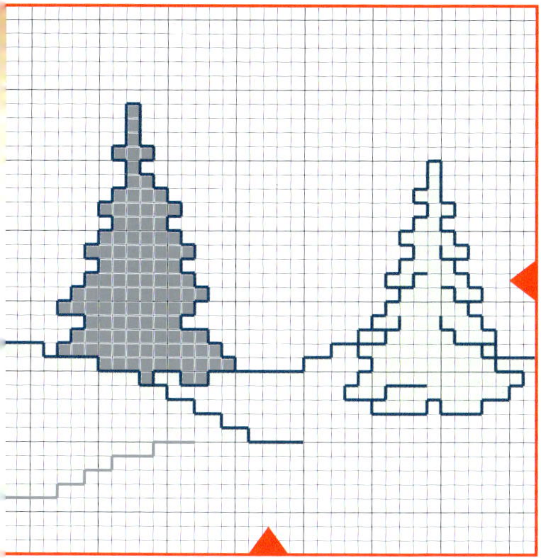

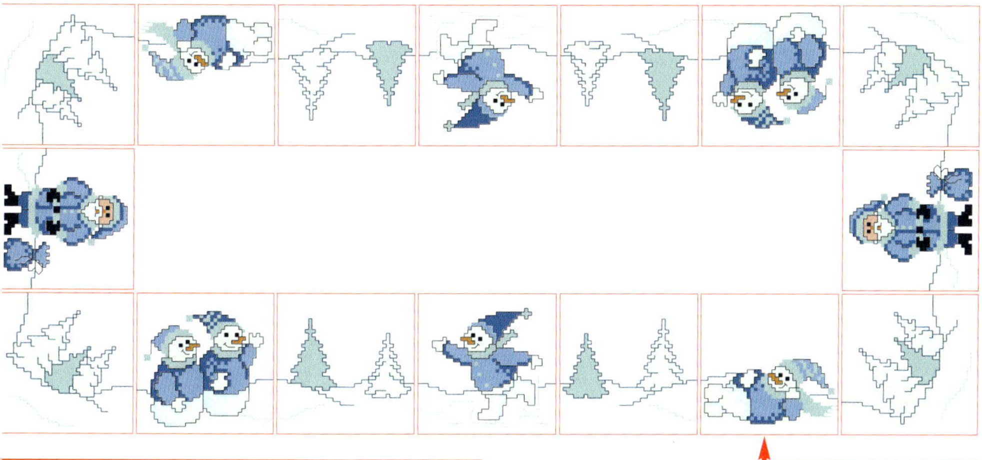

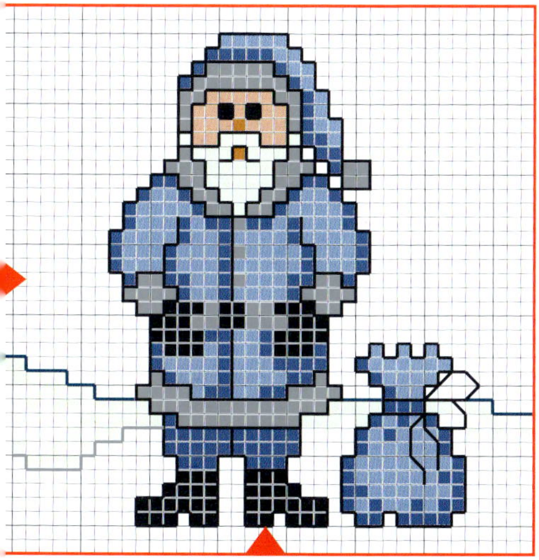

Motiv-Aufteilung
Classification of motifs
Classement des motifs
Motivindeling
Classificazione dei motivi

RICO DESIGN

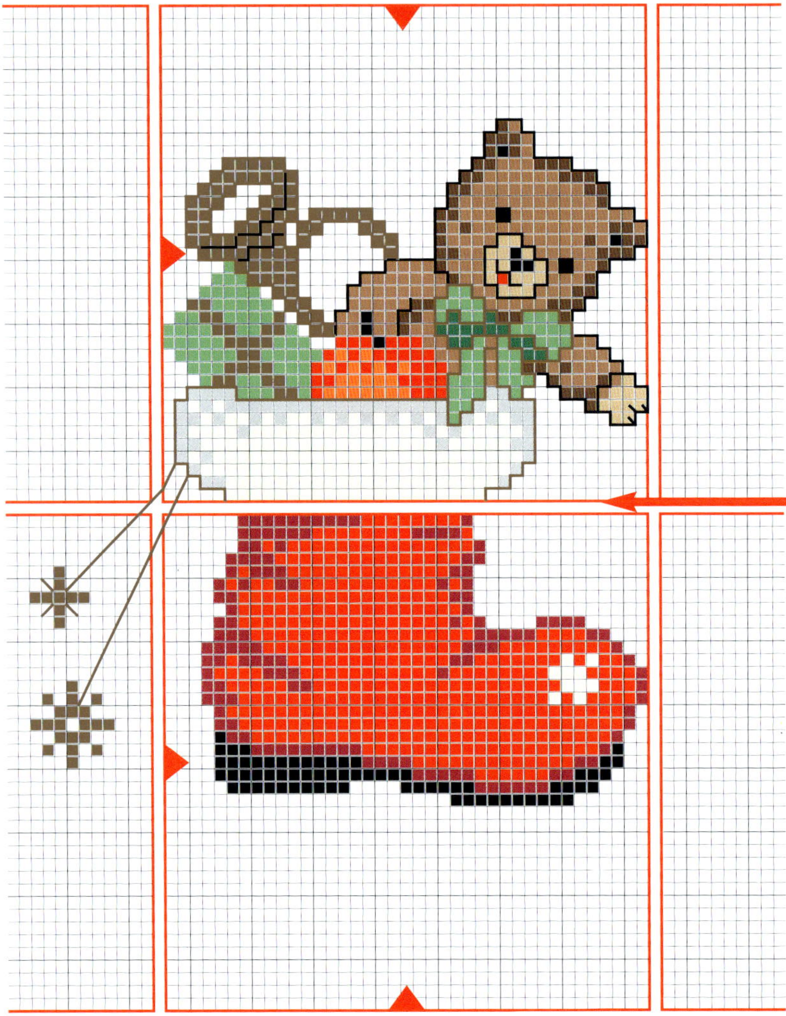

D
Stickbeginn direkt am eingewebten Lurexfaden.

GB
Start embroidery direct at woven-in lurex thread.

F
Commencer la broderie directement au fil lurex tissé.

NL
Het borduursel direct aan de ingewevde lurexdraad beginnen.

I
Iniziare il ricamo dirittamente al filo lurex impratichito.

Sticktwist und Garnverbrauch in ganzen Strängchen & Metern
Amount of thread required in skeins and metres
Fournitures et métrage du fil
Benodigd garen in strengen en meters
Filato e hilo in matessine e metri completi

DESIGN: 73618

1	1 x	**242**	1 x
398	1 x	**246**	1 x
330	1 x	**366**	1 x
46	1 x	**369**	1 x
47	1 x	**370**	1 x
		403	1 x

METALLIC
gold • gold • or • goud • oro

300	9 m

Anchor Sticktwist von Coats GmbH

D
3-fädig über 3 Gewebefäden sticken/Konturen 2-fädig/Gold 300 mit ganzem Faden sticken.

GB
Stitch over 3 threads, using 3 strands of embroidery thread/use 2 strands for back stitch/Use 1 strand of gold 300.

F
A broder sur 3 x 3 fils de trame, avec 3 brins de Mouliné/contours avec 2 brins/Broder or 300 avec 1 brin.

NL
Met 3 draadjes splijtgaren over 3 weefseldraden borduren/stiksteken met 2 draadjes/Goud 300 met 1 draadje borduren.

I
Ricamare con 3 fili su 3 fili del tessuto/contorni 2 fili/Ricamare in oro 300 con filo intero.

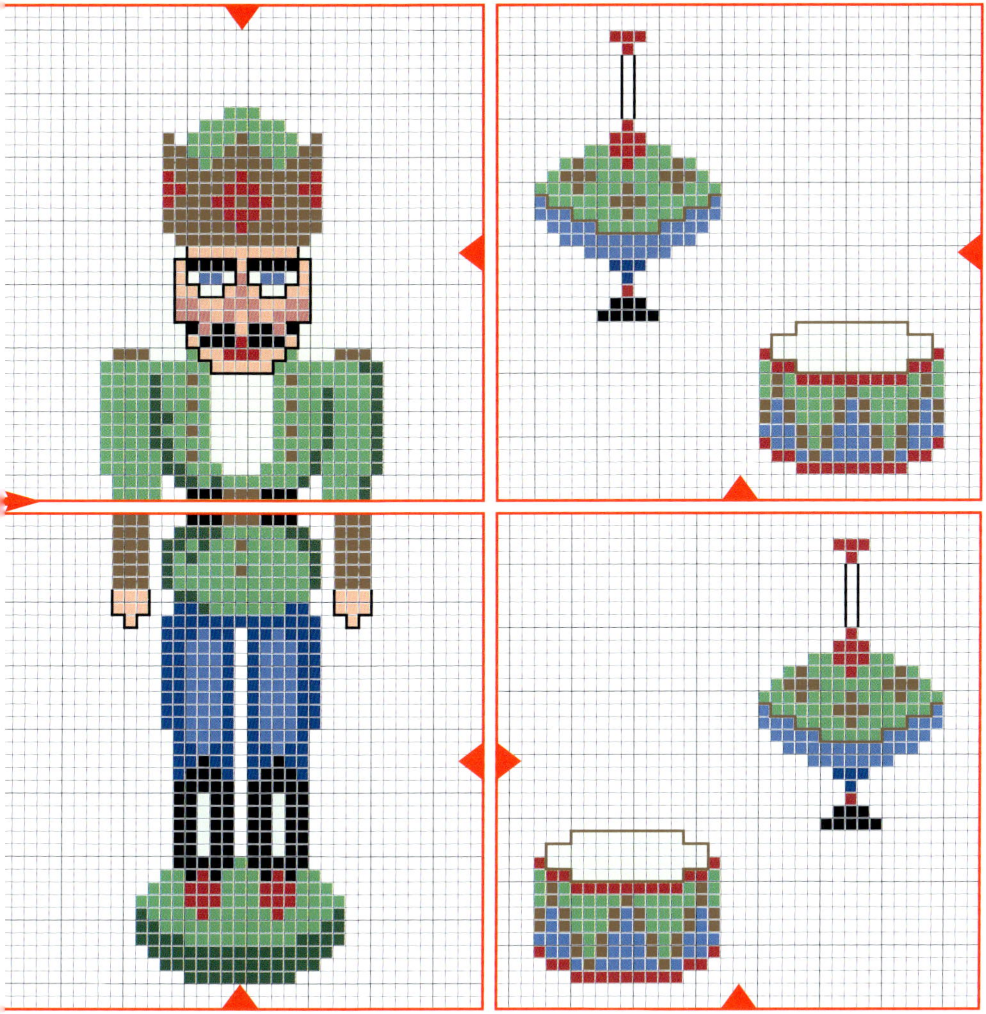

ticktwist und Garnverbrauch in ganzen Strängchen & Metern
mount of thread required in skeins and metres
ournitures et métrage du fil
enodigd garen in strengen en meters
ilato e hilo in matessine e metri completi

ESIGN: 73619

2	1 x		133	1 x
4146	1 x		244	1 x
1022	1 x		246	1 x
47	1 x		403	1 x
131	1 x			

ETALLIC

old • gold • or • goud • oro

300	10 m

Anchor Sticktwist von Coats GmbH

D

3-fädig über 3 Gewebefäden sticken/Konturen 2-fädig/Gold 300 mit ganzem Faden sticken.

GB

Stitch over 3 threads, using 3 strands of embroidery thread/use 2 strands for back stitch/Use 1 strand of gold 300.

F

A broder sur 3 x 3 fils de trame, avec 3 brins de Mouliné/contours avec 2 brins/Broder or 300 avec 1 brin.

NL

Met 3 draadjes splijtgaren over 3 weefseldraden borduren/stiksteken met 2 draadjes/Goud 300 met 1 draadje borduren.

I

Ricamare con 3 fili su 3 fili del tessuto/contorni 2 fili/Ricamare in oro 300 con filo intero.

Art. 05500.00.00 Mini bag • Mini bag • Mini bag • Mini bag • Mini bag: **13 x 13 x 9,5 cm/11,5 x 10 x 7 cm**
1. DESIGN: 73615
Q: **Art. 17378.15.94** Aida creme • Aida cream • Aida crème • Aida creme • Aida crema ✂ **12 x 16 cm**
2. DESIGN: 73616
Q: **Art. 17378.15.94** Aida creme • Aida cream • Aida crème • Aida creme • Aida crema ✂ **12 x 16 cm**

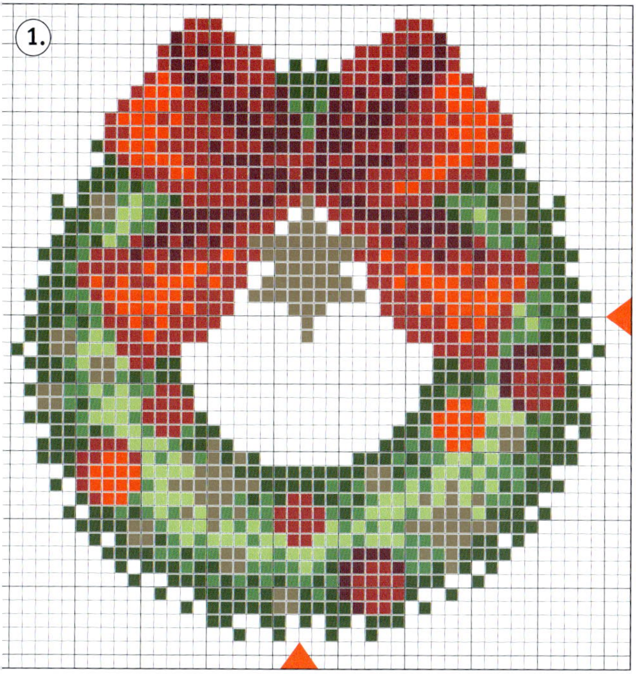

Sticktwist und Garnverbrauch in ganzen Metern
Amount of thread required in metres
Fournitures métrage
Benodigd garen in meters
Occorrente di filato da ricamo a metri

1. DESIGN: 73615

46	1 m	265	1 m
47	2 m	267	1 m
22	1 m	268	2 m

REFLECTA
gold • gold • or • goud • oro

300	5 m

2. DESIGN: 73616

46	2 m	309	1 m
47	1 m	265	1 m
305	1 m	267	2 m
306	1 m	268	2 m

REFLECTA
gold • gold • or • goud • oro

300	16 m

Anchor Sticktwist von Coats GmbH

D

:-fädig sticken/Konturen 1-fädig/Gold
300 2-fädig sticken.

GB

Stitch using 2 strands of embroidery
thread /use 1 strand for back stitch/
Use 2 strands of gold 300.

broder avec 2 brins/contours avec
brin/Broder or 300 avec 2 brins.

NL

Met 2 draadjes splijtgaren borduren/
tiksteken met 1 draadje/Goud 300
met 2 draadjes borduren.

ricamare con 2 fili/contorni con 1 filo/
ricamare in oro 300 con 2 fili intero.

1. DESIGN: 73620
15 x 21 cm, Q: **Art. 17378.15.94** Aida creme • Aida cream • Aida crème • Aida creme • Aida crema ✂ **16 x 22 cm**
2. DESIGN: 73621
15 x 21 cm, Q: **Art. 17378.15.94** Aida creme • Aida cream • Aida crème • Aida creme • Aida crema ✂ **16 x 22 cm**

Sticktwist und Garnverbrauch in ganzen Metern
Amount of thread required in metres
Fournitures métrage
Benodigd garen in meters
Occorrente di filato da ricamo a metri

1. DESIGN: 73620

1	1 m
4146	1 m
46	2 m
47	2 m
297	1 m
242	1 m
245	1 m
128	1 m
403	2 m

REFLECTA
gold • gold
or • goud • oro

300	26 m

Anchor Sticktwist von Coats GmbH

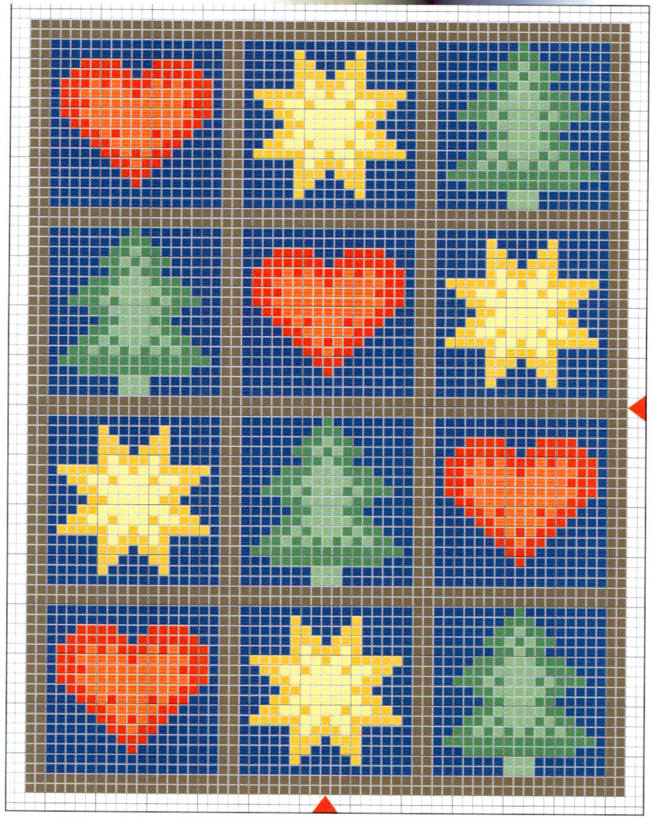

Sticktwist und Garnverbrauch in ganzen Metern
Amount of thread required in metres
Fournitures métrage
Benodigd garen in meters
Occorrente di filato da ricamo a metri

2. DESIGN: 73621

292	1 m
297	2 m
333	1 m
46	2 m
240	1 m
243	2 m
148	8 m

REFLECTA
gold • gold
or • goud • oro

300	35 m

Anchor Sticktwist von Coats GmbH

D 2-fädig sticken/Konturen 1-fädig/Gold 300 2-fädig sticken.

GB Stitch using 2 strands of embroidery thread /use 1 strand for back stitch/Use 2 strands of gold 300.

F A broder avec 2 brins/contours avec 1 brin/Broder or 300 avec 2 brins.

NL Met 2 draadjes splijtgaren borduren/stiksteken met 1 draadje/Goud 300 met 2 draadjes borduren.

I Ricamare con 2 fili/contorni con 1 filo/Ricamare in oro 300 con 2 fili intero.

Art. 05319.00.00
Pappmaschee-Artikel: Tanne, Stern, Herz • Papier mâché articles: fir, star, heart • Articles en papier mâché: sapin, étoile, cœur • Papier maché artikelen: spar, ster, hart • Articoli di cartapesta: abete, stella, cuore:
10 x 12 x 1,5 cm/10 x 12 x 1,5 cm/10 x 12 x 1,5 cm
4. DESIGN: 73602, 5. DESIGN: 73603, 6. DESIGN: 73604
Q: **Art. 17378.15.94** Aida creme • Aida/cream • Aida/crème • Aida/creme • Aida/crema ✂ 3 x **14 x 16 cm**

Art. 05319.00.00
Pappmaschee-Artikel: Tanne, Stern, Herz • Papier mâché articles: fir, star, heart • Articles en papier mâché: sapin, étoile, cœur • Papier maché artikelen: spar, ster, hart • Articoli di cartapesta: abete, stella, cuore:
10 x 12 x 1,5 cm/10 x 12 x 1,5 cm/10 x 12 x 1,5 cm
1. DESIGN: 73599, 5. DESIGN: 73600, 6. DESIGN: 73601
Q: **Art. 17378.15.94** Aida creme • Aida/cream • Aida/crème • Aida/creme • Aida/crema ✂ 3 x **14 x 16 cm**

D

Farbkästchen = 1 Faden gold + 1 Faden weiß versticken.

GB

Coloured squares = embroider with 1 thread gold + 1 thread white.

F

Carrés de couleurs = broder avec 1 fil or + 1 fil blanc.

NL

Verfhokjes = borduren met 1 draad goud + 1 draad wit.

I

Quadretti a colori = ricamare con 1 filo oro e 1 filo bianco.

Sticktwist und Garnverbrauch in ganzen Metern
Amount of thread required in metres
Fournitures métrage • Benodigd garen in meters
Occorrente di filato da ricamo a metri

1. DESIGN: 73599

1	3 m	1024	1 m
128	1 m	1025	1 m
314	1 m	403	2 m
370	1 m		

REFLECTA
gold • gold • or • goud • oro

300	15 m

Anchor Sticktwist von Coats GmbH

2. DESIGN: 73600

1	2 m	1020	1 m
128	1 m	1024	1 m
370	1 m	1025	1 m
403	1 m		

REFLECTA
gold • gold • or • goud • oro

300	14 m

Anchor Sticktwist von Coats GmbH

3. DESIGN: 73601

1	1 m	1020	1 m
370	1 m	1024	2 m
403	2 m	1025	1 m

REFLECTA
gold • gold • or • goud • oro

300	6 m

Anchor Sticktwist von Coats GmbH

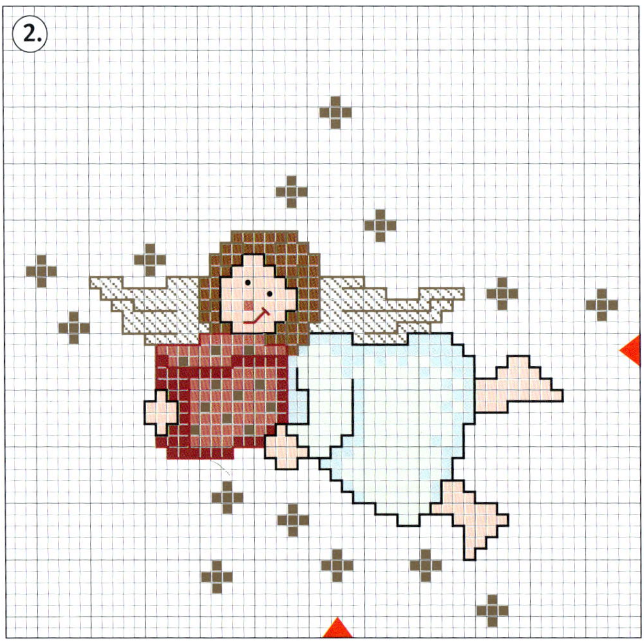

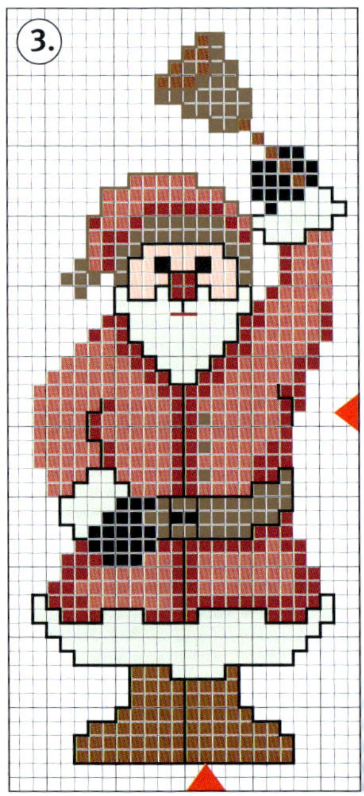

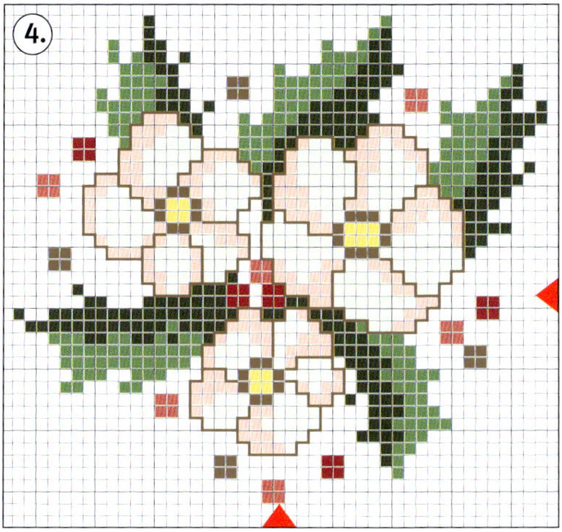

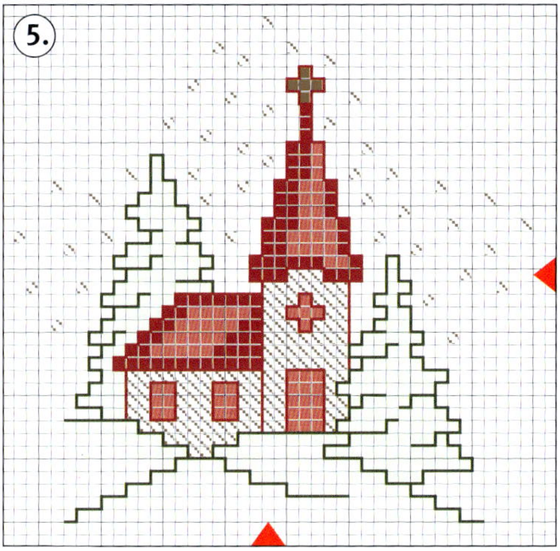

D

2-fädig sticken/Konturen 1-fädig/Gold 300 2-fädig sticken.

GB

Stitch using 2 strands of embroidery thread /use 1 strand for back stitch/Use 2 strands of gold 300.

F

A broder avec 2 brins/contours avec 1 brin/Broder or 300 avec 2 brins.

NL

Met 2 draadjes splijtgaren borduren/stiksteken met 1 draadje/Goud 300 met 2 draadjes borduren.

I

Ricamare con 2 fili/contorni con 1 filo/Ricamare in oro 300 con 2 fili intero.

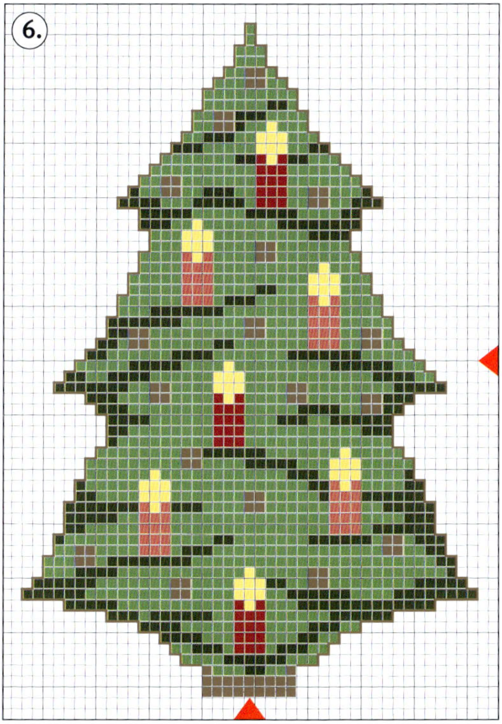

Sticktwist und Garnverbrauch in ganzen Metern
Amount of thread required in metres
Fournitures métrage • Benodigd garen in meters
Occorrente di filato da ricamo a metri

4. DESIGN: 73602

1	2 m	**295**	1 m
1020	2 m	**266**	2 m
1024	1 m	**268**	2 m
1025	1 m		

REFLECTA
gold • gold • or • goud • oro

300	13 m

Anchor Sticktwist von Coats GmbH

5. DESIGN: 73603

1	2 m	**1024**	2 m
268	1 m	**1025**	1 m

REFLECTA
gold • gold • or • goud • oro

300	5 m

Anchor Sticktwist von Coats GmbH

6. DESIGN: 73604

295	1 m	**1024**	1 m
266	4 m	**1025**	1 m
268	2 m		

REFLECTA
gold • gold • or • goud • oro

300	14 m

Anchor Sticktwist von Coats GmbH

1. DESIGN: 73608, Art. 05375.00.00 Holztanne mit Fuß • Wooden fir with foot • Sapin en bois à pied
Houtspar met voet • Abete di legno con piede **16 x 11 x 0,9 cm**
Q: **Art. 17378.15.94** Aida creme • Aida cream • Aida crème • Aida creme • Aida crema ✂ **15 x 20 cm**

2. DESIGN: 73609, Art. 05373.00.00 Holzglocke mit Fuß • Wooden bell with foot • Clochette en bois à pied
Houtklok met voet • Campana di legno con piede **13,5 x 14 x 0,9 cm**
Q: **Art. 17378.15.94** Aida creme • Aida cream • Aida crème • Aida creme • Aida crema ✂ **15 x 20 cm**

3. DESIGN: 73610, Art. 05374.00.00 Holzstern mit Fuß • Wooden star with foot• Etoile en bois à pied
Houtster met voet • Stella di legno con piede **13 x 13 x 0,9 cm**
Q: **Art. 17378.15.94** Aida creme • Aida cream • Aida crème • Aida creme • Aida crema ✂ **15 x 20 cm**

Sticktwist und Garnverbrauch in ganzen Metern
Amount of thread required in metres
Fournitures métrage
Benodigd garen in meters
Occorrente di filato da ricamo a metri

1. DESIGN: 73608

926 4 m

897 4 m

REFLECTA
gold • gold • or • goud • oro

300 11 m

Anchor Sticktwist von Coats GmbH

2. DESIGN: 73609

926 3 m

897 3 m

REFLECTA
gold • gold • or • goud • oro

300 17 m

Anchor Sticktwist von Coats GmbH

3. DESIGN: 73610

926 3 m

897 2 m

REFLECTA
gold • gold • or • goud • oro

300 17 m

Anchor Sticktwist von Coats GmbH

D

2-fädig sticken/Gold 300 2-fädig sticken.

GB

Stitch using 2 strands of embroidery thread /Use 2 strands of gold 300.

F

A broder avec 2 brins/Broder or 300 avec 2 brins.

NL

Met 2 draadjes splijtgaren borduren/Goud 300 met 2 draadjes borduren.

I

Ricamare con 2 fili/Ricamare in oro 300 con 2 fili intero.

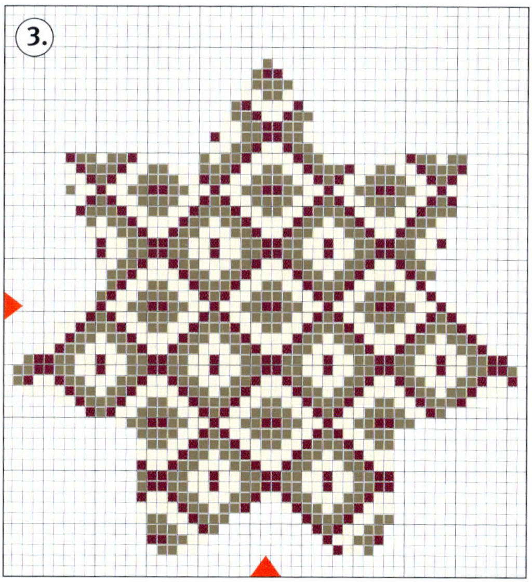

DESIGN: 73607

Set • Placemat • Set de table • Placemat • Set da tavola: **37 x 58 cm,** Q: **Art. 17415.17.98** wollweiß/beige/gold off-white/beige/gold • blanc-écru/écru/or • gebroken wit/beige/goud • bianco di lana/beige/oro ✂ **45 x 65,5 cm**

Serviette • Napkin • Serviette • Servet • Tovagliolo: **37 x 37 cm,** Q: **Art. 17415.17.98** wollweiß/beige/gold off-white/beige/gold • blanc-écru/écru/or • gebroken wit/beige/goud • bianco di lana/beige/oro ✂ **45 x 45 cm**

Deckchen • Doily • Napperon • Dekje • Centrino: **37 x 37 cm,** Q: **Art. 17415.17.98** wollweiß/beige/gold off-white/beige/gold • blanc-écru/écru/or • gebroken wit/beige/goud • bianco di lana/beige/oro ✂ **45 x 45 cm**

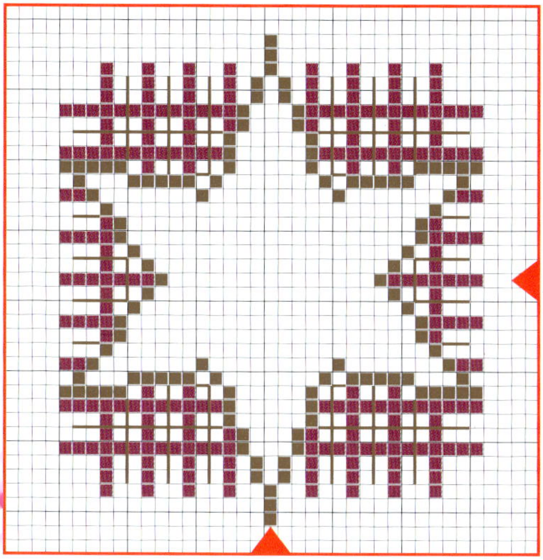

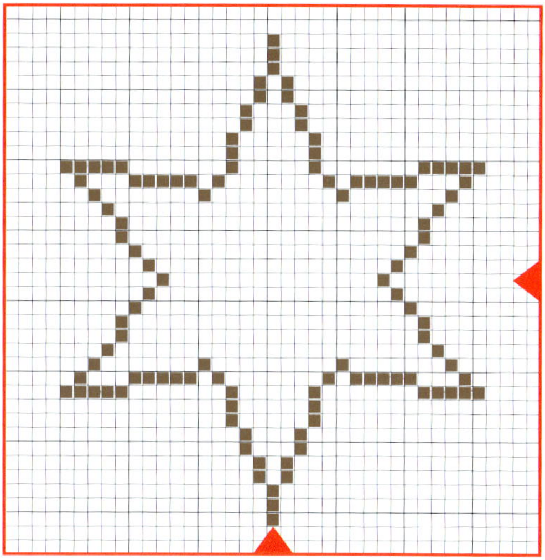

D

3-fädig über 3 Gewebefäden sticken/Gold 300 mit ganzem Faden sticken.

GB

Stitch over 3 threads, using 3 strands of embroidery thread/Use 1 strand of gold 300.

F

A broder sur 3 x 3 fils de trame, avec 3 brins de Mouliné/Broder or 300 avec 1 brin.

NL

Met 3 draadjes splijtgaren over 3 weefseldraden borduren/Goud 300 met 1 draadje borduren.

I

Ricamare con 3 fili su 3 fili del tessuto/Ricamare in oro 300 con filo intero.

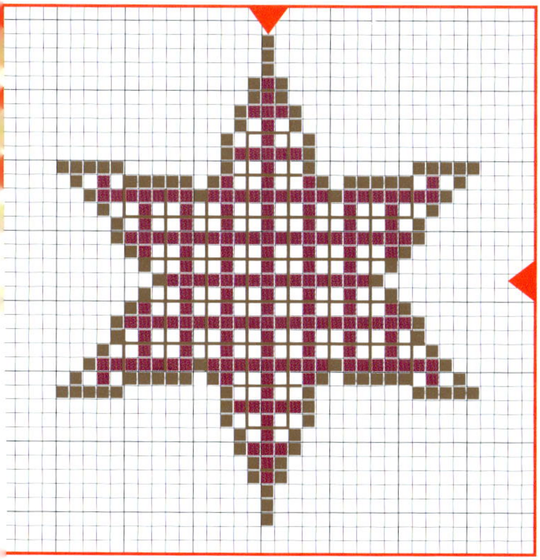

Sticktwist und Garnverbrauch in ganzen Strängchen & Metern
Amount of thread required in skeins and metres
Fournitures et métrage du fil
Benodigd garen in strengen en meters
Filato e hilo in matessine e metri completi

DESIGN: 73607 ▸ 37 x 58 cm

896 2 x

METALLIC
gold • gold • or • goud • oro

300 34 m

Anchor Sticktwist von Coats GmbH

DESIGN: 73607 ▸ 37 x 37 cm

896 1 x

METALLIC
gold • gold • or • goud • oro

300 8 m

Anchor Sticktwist von Coats GmbH

DESIGN: 73607 ▸ 37 x 37 cm

896 2 x

METALLIC
gold • gold • or • goud • oro

300 30 m

Anchor Sticktwist von Coats GmbH

DESIGN: 73606 Adventskalender • Advent calendar • Calendrier de l'Avent • Adventskalender • Calendario dell'Avvento
68,5 x 55 cm, Q: **Art. 17414.17.98** rot/grün/gold • red/green/gold • rouge/vert/or • rood/groen/goud • rosso/verdi/oro
✂ **65 x 66,5 cm**, Q: **Art. 17353.17.98** grün • green • vert • groen • verdi ✂ **180 x 26 cm**

äckchen • Small bag • Sachet • Zakje • Borsetta **7 x 10 cm, Art. 21148.00.39** Aidaband grün/gold • Aida band
·reen/gold • Bandes aida vert/or • Aidaband groen/goud • Bandes aida verdi/oro ✂ 22 x **7 x 25 cm**
: **Art. 22306.00.20** rot • red • rouge • rood • rosso ✂ 22 x **40 cm**

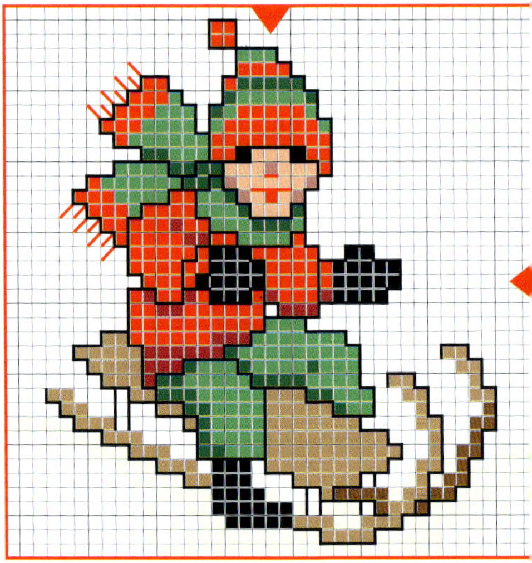

Sticktwist und Garnverbrauch in ganzen Strängchen
Amount of thread required in skeins
Fournitures du fil en écheveaux
Benodigd garen in strengen
Occorrente di filato da ricamo i fasci

Anchor Sticktwist von Coats GmbH

DESIGN: 73606

1	3 x	46	5 x	245	1 x
4146	1 x	47	1 x	218	1 x
1022	1 x	128	1 x	369	1 x
323	1 x	243	1 x	370	1 x
330	1 x	244	1 x	403	2 x

D

3-fädig über 3 Gewebefäden sticken/Konturen 2-fädig

GB

Stitch over 3 threads, using 3 strands of embroidery thread, use 2 strands for back stitch.

F

A broder sur 3 x 3 fils de trame, avec 3 brins de Mouliné/contours avec 2 brins.

NL

Met 3 draadjes splijtgaren over 3 weefseldraden borduren/stiksteken met 2 draadjes.

I

Ricamare con 3 fili su 3 fili del tessuto/contorni 2 fili.

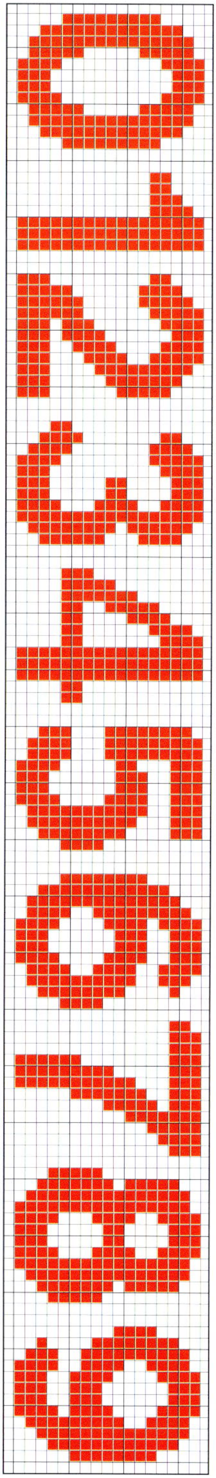

D
Säckchen: 2-fädig sticken. Stickbeginn 2,5 cm von der unteren Bruchkante.
GB
Small bag: Stitch using 2 strands of embroidery thread. Start of embroidery 2,5 cm fabric threads from lower fold edge.
F
Sachet: A broder avec 2 brins. Début de la broderie à 2,5 cm fils du tissu de la ligne de pliure du bas.
NL
Zakje: Met 2 draadjes splijtgaren borduren. Borduurbegin 2,5 cm weefseldraden vanaf de benedenvouwlijn.
I
Borsetta: Ricamare con 2 fili. Inizio del ricamo a 2,5 cm fili del tessuto dalla linea di piega al di sotto.

RICO® DESIGN

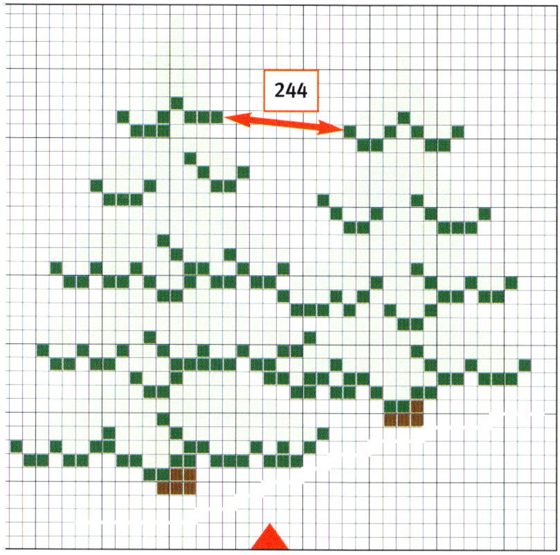

D
Stickbeginn 369 Gewebefäden von der oberen Bruchkante.
GB
Start of embroidery 369 fabric threads from upper fold edge.
F
Début de la broderie à 369 fils du tissu de la ligne de pliure du haut.
NL
Borduurbegin 369 weefseldraden vanaf de bovenvouwlijn.
I
Inizio del ricamo a 369 fili del tessuto dalla linea di piega al di sopra.

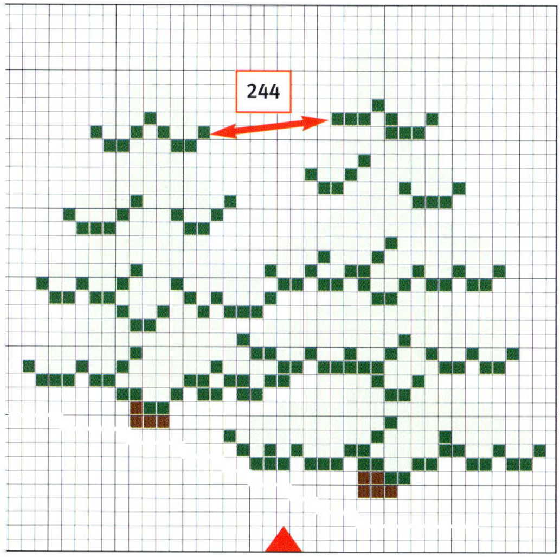

DESIGN: 73617
Tischband • Table band • Ruban de table • Tafelband • Nastro di tavolo: **21,5 x 178 cm,**
Q: **Art. 17414.17.98** rot/grün/gold • red/green/gold • rouge/vert/or • rood/groen/goud • rosso/verdi/oro ✂ **43 x 180 c**

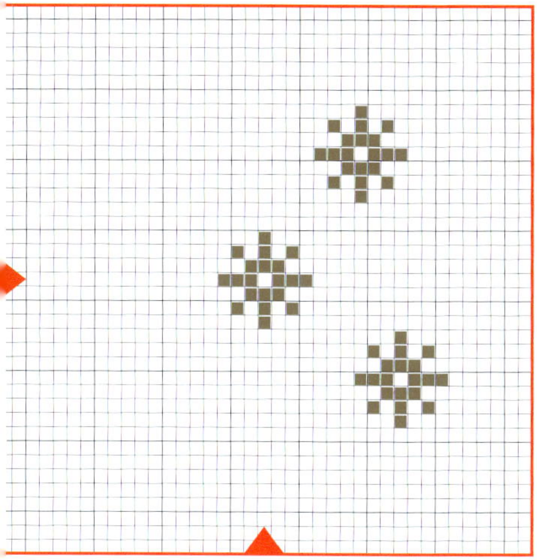

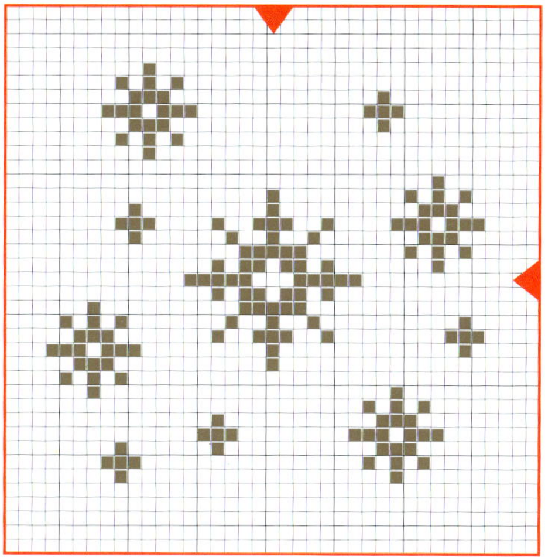

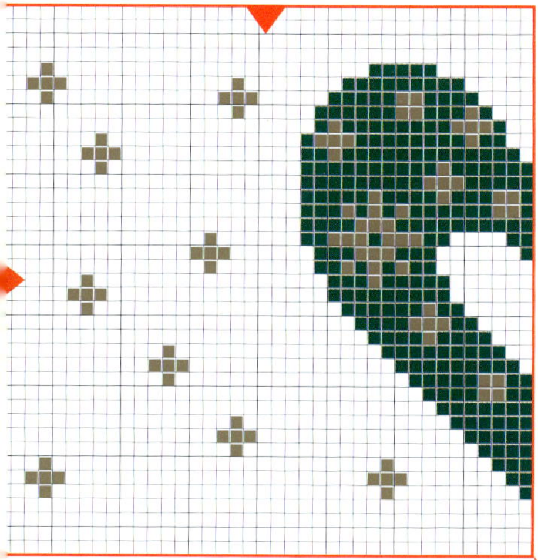

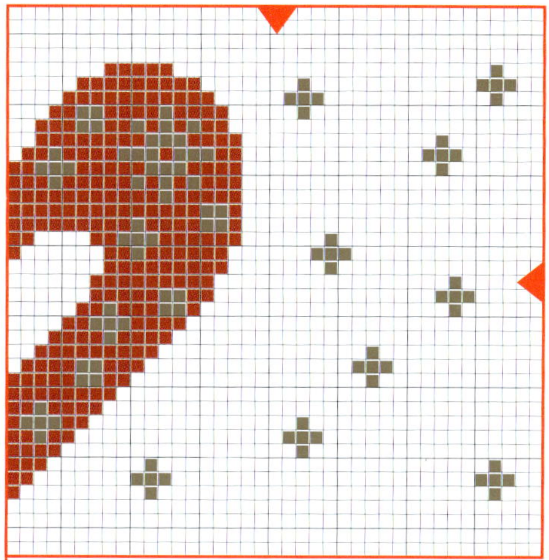

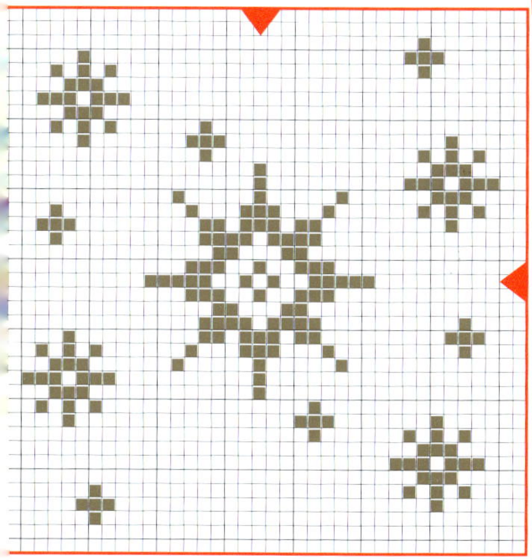

D

Stickbeginn direkt am eingewebten Lurexfaden.

GB

Start embroidery direct at woven-in lurex thread.

F

Commencer la broderie directement au fil lurex tissé.

NL

Het borduursel direct aan de ingewevde lurexdraad beginnen.

I

Iniziare il ricamo dirittamente al filo lurex impratichito.

Sticktwist und Garnverbrauch in ganzen Metern
Amount of thread required in metres
Fournitures métrage
Benodigd garen in meters
Occorrente di filato da ricamo a metri

DESIGN: 73617

47	13 m
218	12 m

METALLIC
gold • gold • or • goud • oro

300	45 m

Anchor Sticktwist von Coats GmbH

D

3-fädig über 3 Gewebefäden sticken/Gold 300 mit ganzem Faden sticken.

GB

Stitch over 3 threads, using 3 strands of embroider thread/Use 1 strand of gold 300.

F

A broder sur 3 x 3 fils de trame, avec 3 brins de Mouliné/Broder or 300 avec 1 brin.

NL

Met 3 draadjes splijtgaren over 3 weefseldraden borduren/Goud 300 met 1 draadje borduren.

I

Ricamare con 3 fili su 3 fili del tessuto/Ricamare in oro 300 con filo intero.

Motiv-Aufteilung • Classification of motifs
Classement des motifs • Motivindeling • Classificazione dei motivi

DESIGN: 73617

Tischband • Table band • Ruban de table • Tafelband • Nastro di tavolo: **21,5 x 178 cm,**
✂ **43 x 180 cm**

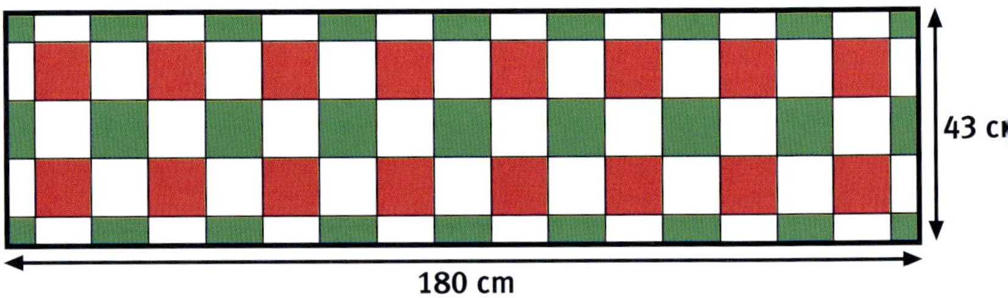

D

1. Die langen Seiten des Tischbandes 5 cm nach links umbügeln und noch einmal 5,5 cm. Den Saum entlang des Lurexfadens festnähen.
2. Spitze nähen: Längskanten rechts auf rechts aufeinander legen, dann kurze Seiten mit 1 cm Nahtzugabe zusammennähen. Nahtzugabe auseinander bügeln. Die Spitze wenden.

GB

1. Press long edges of table band 5 cm and then again 5.5 cm wide to wrong side. Stitch hem in plac along lurex thread.
2. Tip: Place long edges wrong sides together, then join short edges with 1 cm seam allowance. Pres seam allowances apart. Turn piece.

F

1. Repasser les bords longs de 5 cm et ensuite encore de 5,5 cm sur l'envers. Piquer l'ourlet le long du fil en lurex.
2. Pointe: Mettre les bords longs endroit sur endroit, puis assembler les bords courts à 1 cm du borc Repasser les bords de la couture vers les côtés. Tourner.

NL

1. Het lange band 5 cm en daarna 5,5 cm naar links ompersen. De zoom langs de lurexdraad vastnaaien.
2. De punt naaien: Lange kanten rechts op rechts leggen, de korte zijden met 1 cm naadtoegift samennaaien. Naadtoegift open persen. De punt keren.

I

1. Stirare i lati lunghi del nastro di 5 cm e poi di 5,5 cm sul rovescio. Cucire l'orlo lungo il filo lurex.
2. Cucire la punta: Mettere i bordi lunghi diritto sul diritto, poi cucire i bordi corti insieme a 1 cm del bordo. Stirare i bordi. Voltare la punta.

ESIGN: 73618 ▸ DESIGN: 73619

eutel • Bag • Sac • Zak • Borsa: **32,5 x 43,5 cm**

43 x 109 cm

RICO® DESIGN

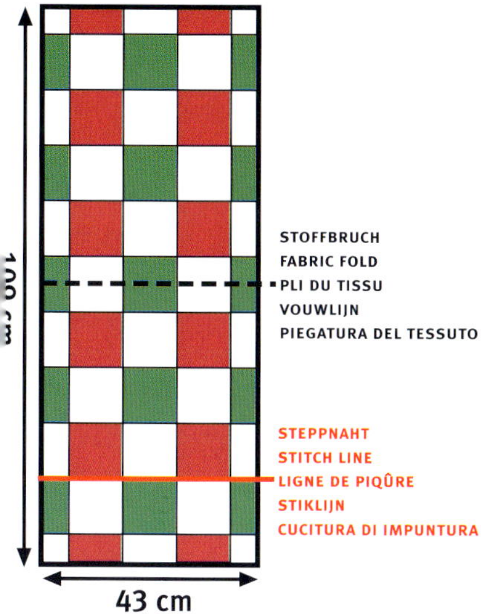

D

1. Die Stoffbahn klappen und von links, entlang des Lurexfadens zusammennähen.
2. Die obere Kante des Beutels 5 cm umschlagen, noch einmal 5,5 cm und dann feststeppen.

GB

1. Fold fabric and stitch together from wrong side along lurex thread.
2. Fold top edge of bag 5 cm and then again 5.5 cm wide to wrong side and stitch in place.

F

1. Replier le tissu et le piquer ensemble le long du fil en lurex.
2. Replier le bord supérieur de 5 cm et ensuite encore de 5,5 cm sur l'envers et piquer.

NL

1. De stof dubbel leggen en op de verkeerde kant langs de lurexdraad samennaaien.
2. Bovenkant 5 cm en daarna nog 5,5 cm omslaan en vaststikken.

I

1. Piegare la stoffa e cucire insieme sul rovescio lungo il filo lurex.
2. Piegare il bordo superiore di 5 cm e poi di 5,5 cm ed impuntare.

ESIGN: 73606

dventskalender mit Seitenteilen
dvent calendar with side parts
alendrier de l'Avent à côtés
dventskalender met zijgedeelten
alendario dell'Avvento con lati

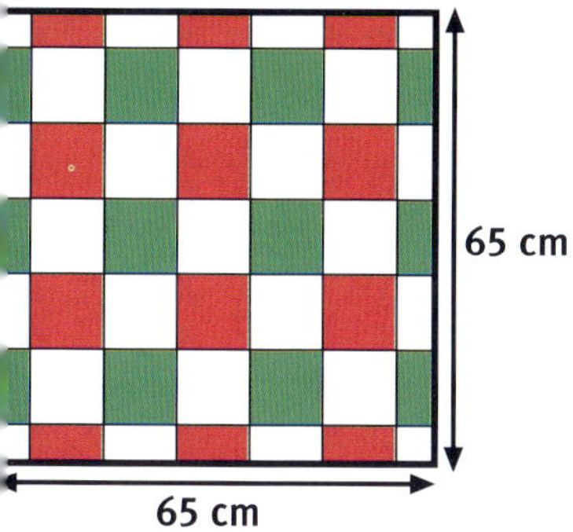

D

1. Stoff zuschneiden. Auf der linken Seite eine Fixiereinlage aufbügeln.
2. Seitliche und untere Kanten 5 cm und dann 6 cm nach links umbügeln und entlang des Lurexfadens feststeppen. Untere Ecken werden als Briefecken genäht – siehe "Einfacher Linkssaum".

GB

1. Cut fabric. Press stiffener to wrong side.
2. Press side and lower edges 5 cm and then 6 cm wide to wrong side and stitch in place along lurex thread. Work lower corners as letter corners, see "plain wrong side hem".

F

1. Couper le tissu. Repasser une triplure sur l'envers.
2. Repasser les côtés et le bord en bas de 5 cm et ensuite de 6 cm sur l'envers et piquer le long du fil en lurex. Coudre les angles en bas comme angles en forme de lettre, voir "ourlet simple sur l'envers".

NL

1. Stof knippen. Fixeerinleg op de verkeerde kant persen.
2. Zijkant en benedenkant 5 cm en daarna 6 cm naar links ompersen en langs de lurexdraad vaststilkken. Benedenhoeken als briefhoeken naaien, zie "eenvoudige linkszoom".

I

1. Tagliare il tessuto. Stirare un rinforzo sul tessuto.
2. Stirare il bordo inferiore di 5 cm e poi di 6 cm sul rovescio e cucire lungo il filo lurex. Cucire gli angoli inferiore in forma di lettera, v. „orlo semplice sul rovescio".

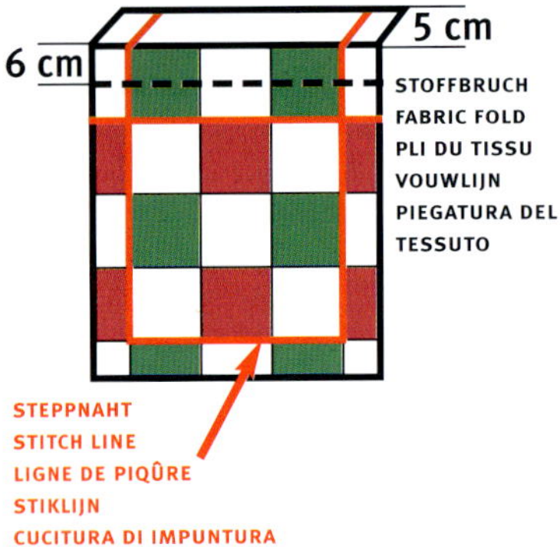

D

3. Obere Kante 5 cm und dann 6 cm nach links umbügeln und wie einen Tunnel feststeppen.

GB

3. Press top edge 5 cm and then 6 cm wide to wrong side and stitch in place as for a tunnel hem.

F

3. Repasser le bord en haut de 5 cm et ensuite de 6 cm sur l'envers en forme de tunnel.

NL

3. De bovenkant 5 cm en daarna 6 cm op de verkeerde kant ompersen e in tunnelvorm vaststikken.

I

3. Stirare il bordo superiore 5 cm e poi 6 cm sul rovescio e cucire in forma di tunnel.

Grüne Seitenteile
Green side parts
Côtés verts
Groene zijden
Lati verdi
✂ 2 x **64 x 26 cm**

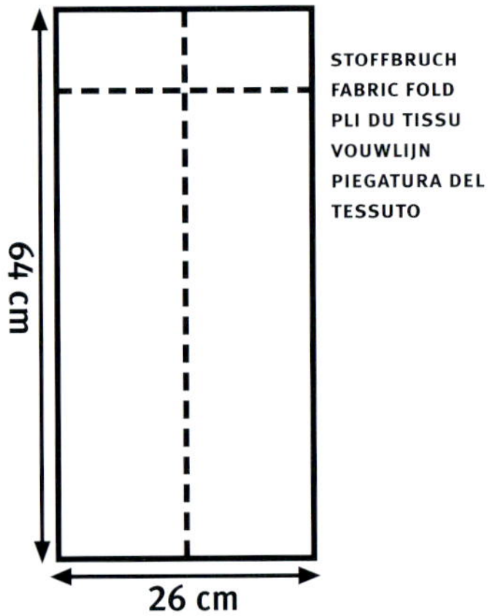

D

1. Seitenteile fixieren. Stoff rechts auf rechts legen, dann seitliche und untere Kante mit 1 cm Saum zusammennähen.
2. Die obere Kante 1 cm und dann 6 cm nach links umbügeln und feststeppen.

GB

1. Stiffen side parts. Place fabric right sides together, then stitch side and lower edge together with 1 cm hem.
2. Press top edge 1 cm and then 6 cm wide to wrong side and stitch in place.

F

1. Renforcer les côtés. Mettre le tissu endroit sur endroit, ensuite pique le côté et le bord en bas ensemble à 1 cm d'ourlet.
2. Repasser le bord en haut de 1 cm et ensuite de 6 cm sur l'envers et piquer.

NL

1. Zijden fixeeren. Stof rechts op rechts leggen, daarna zijkant en benedenkant met 1 cm zoom samennaaien.
2. Bovenkant 1 cm en daarna 6 cm op de verkeerde kant ompersen en vaststikken.

I

1. Fissare i lati. Mettere il tessuto diritto sul diritto, cucire i bordi lateriali e di sotto con 1 cm di orlo.
2. Stirare il bordo superiore 1 cm e poi 6 cm sul rovescio e appuntare.

Tasche
Pocket
Poche
Zak
Sacchi
✂ 2 x **17 x 14 cm**

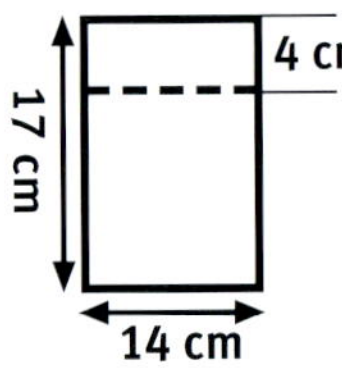

D

1. Obere Kante der Tasche 1 cm und dann 3 cm umbügeln und feststeppen.
2. Restliche Kanten 1 cm umbügeln und auf das Seitenteil nähen.

GB

1. Press top edge 1 cm and then 3 cm wide to wrong side and stitch in place.
2. Press remaining edges 1 cm wide to wrong side and sew to side piec

F

1. Repasser le bord en haut de la poche de 1 cm et ensuite de 3 cm sur l'envers et piquer.
2. Repasser les autres bords de 1 cm sur l'envers et piquer au côté.

NL

1. Bovenkant 1 cm en daarna 3 cm ompersen en vaststikken.
2. De overige kanten 1 cm ompersen en op het zijdeel naaien.

I

1. Stirare il bordo superiore 1 cm e poi 3 cm sul rovescio e appuntare.
2. Stirare il bordo rimanente di 1 cm sul rovescio e cucire sui lati.

ESIGN: 73607 ▸ 37 x 58 cm
et
lacemat
et de table
lacemat
et da tavola
45 x 65,5 cm

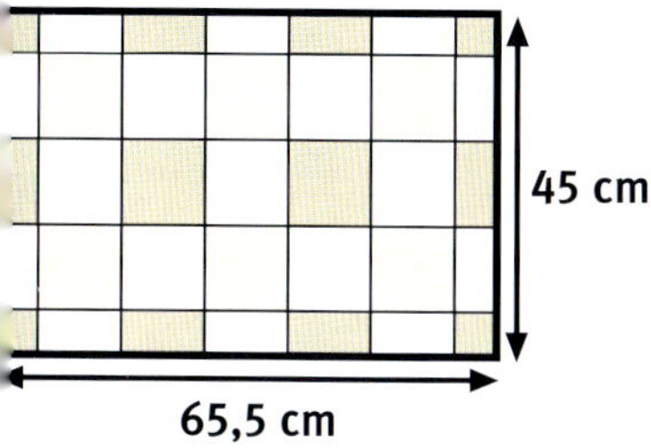

DESIGN: 73607 ▸ 37 x 37 cm
Serviette/Deckchen
Napkin/Doily
Serviette/Napperon
Servet/Dekje
Tovagliolo/Centrino
✂ 45 x 45 cm

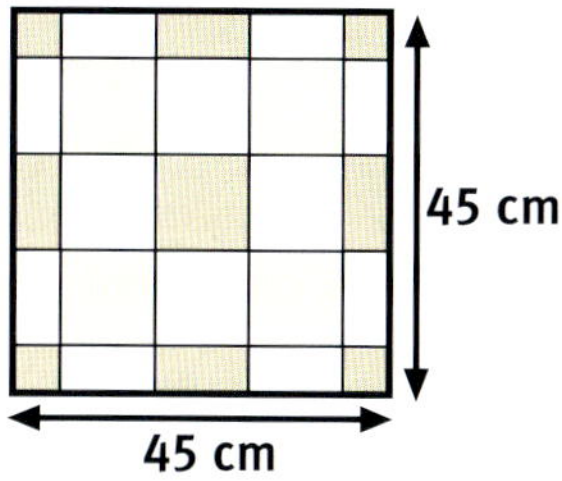

RICO® DESIGN

et, Serviette und Deckchen werden mit einem 2 cm Linkssaum genäht. Die Seiten 1,8 cm und dann 2 cm umbügeln. ntsprechend der Zeichnung die Briefecken nähen. Anschließend den Saum entlang des Lurexfadens festnähen.

B

ew placemat, napkin and doily with a 2 cm wide wrong side seam. Press sides 1.8 cm and then 2 cm wide to wrong de. Sew letter corner as shown in diagram. Then sew hem in place along lurex thread.

et de table, serviette et napperon sont réalisés à ourlet de 2 cm sur l'envers. Repasser les côtés sur 1,8 cm et ensuite ur 2 cm sur l'envers. Réaliser l'angle en forme de lettre suivant le schéma. Ensuite piquer l'ourlet le long du fil en ırex.

L

lacemat, servet en dekje met 2 cm linkszoom naaien. De zijden 1,8 cm en daarna 2 cm ompersen.Volgens de tekening e briefhoek naaien. De zoom langs de lurexdraaf vastnaaien.

et sa tavola, tovagliolo e centrino sono realizzati con orlo sul rovescio. Stirare i bordi 1,8 cm e poi 2 cm sul rovescio. ucire gli angoli in forma di lettera secondo il disegno. Poi cucire l'orlo lungo il filo lurex.

NFACHER LINKSSAUM • SIMPLE HEM WITH MITRED CORNER • SIMPLE OURLET • DE ZOOM • ORLO ALLA ROVESCIA

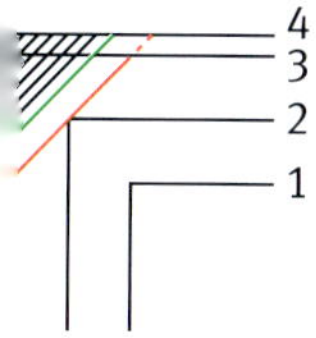

1.

D

Linie 1 ist die Befestigungslinie. Die Saumbreite liegt zwischen Linien 1 und 2, die Umschlagbreite liegt zwischen 2 und 3. Zwischen den Linien 3 und 4 ist der Einschlag. Der Stoff wird an dem Eckpunkt der Linien 2 schräg zum Fadenverlauf (rote Linie) geknickt und die schraffierte Ecke wird ca. 0,5 cm hinter der roten Linie abgeschnitten.

B

ne 1 shows the position of the line of hemstitching. The space between lines 1 and 2 indicates the width of the hem, e space between lines 2 and 3 represents the width of the material to be turned down and the fabric between lines 3 d 4 is the seam allowance for the mitred corner. Fold down the fabric at the angle of line 2 (red line) and cut off the aded part of the corner approx. 0,5 cm over the red line, referring to the diagramm.

gne 1 est la ligne de fixation. La largeur de l'ourlet se situe entre les lignes 1 et 2, celle du pli de l'ourlet entre 2 et 3. tre 3 et 4 étant le premier repli. Le tissu est plié en biais à l'intersection de la ligne 2 (en rouge), puis coupé à environ 5 cm du point d'intersection.

n 1 is de lijn waarop de zoom vastgezet wordt. De breedte van de zoom ligt tussen de lijnen 1 en 2, de nslagbreedte ligt tussen de lijnen 2 en 3. Tussen de lijnen 3 en 4 is de inslag. De stof word aan de hoekpunt van ı 2 schuin ingeslagen (rode lijn) en volgens de grijze hoektekening afgeknipt, ongeveer 0,5 cm achter de rode lijn.

linea 1 è la linea di fisaggio. La larghezza d'orlo è tra le linee 1 e 2, la larghezza del risvolto tra 2 e 3. Risvolto tra le ee 3 e 4. Voltare la tela all'angulo delle linee 2 in sbieco ai fili (linea rossa), tagliare l'angulo a ca. 0,5 cm al dietro lla linea rossa.

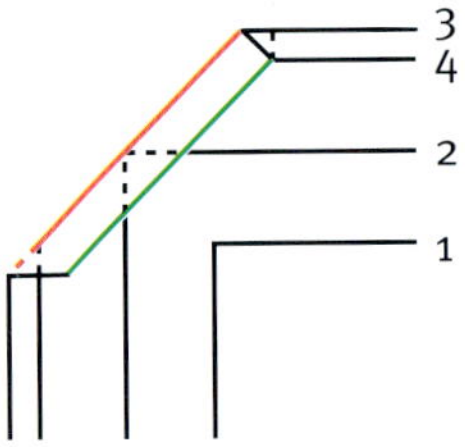

2.

D

Die Schnittlinie (grün) wird nach innen geknickt, ebenfalls der schmale Einschlag.

GB

Turn the fabric down approx. 0,5 cm around the whole cloth and along the diagonal in each corner (green line).

F

Plier vers l'intérieur (ligne verte) ainsi que le petit repli.

NL

De schuine hoek (groen) omslaan, ook de smalle inslag.

I

Voltare la linea di taglio (verde) dentro, anche il risvolto ridotto.

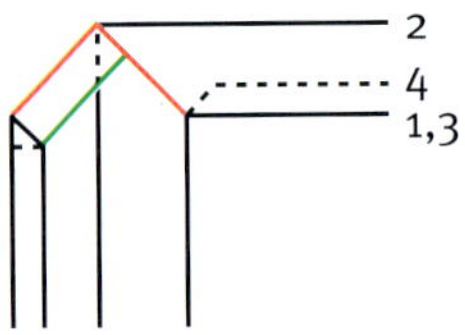

3.

D

Linie 3 wird auf Linie 1 gelegt.

GB

Lay line 3 on line 1, just above the drawn thread.

F

Poser la ligne 3 au-dessus de la ligne 1.

NL

Lijn 3 wordt op lijn 1 boven de uitgetrokken draad gelegd.

I

Mettere la linea 3 sulla linea 1.

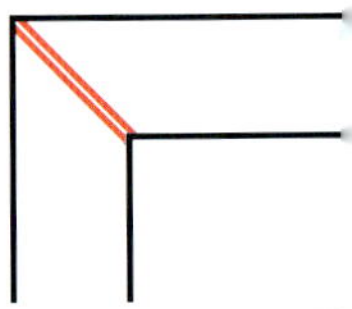

4.

D

Die roten Linien stoßen genau aneinander und bilden die Briefecken. Die beiden Bruchkanten werden mit dünnem Gar aneinander genäht. Linie 3 wird an Linie 1 mit kleinen Stichen befestigt.

GB

The red lines meet exactly and form the mitred corner. Secure this seam with small oversewing stitches, using a very fin needle and thread. Line 3 and line 1 are sewn together with a neat hemming stitch.

F

Les lignes rouges se joignent exactement l'une contre l'autre formant le coin d'angle. Elles sont ensuite cousues avec un fil fin. Ligne 3 est fixé à la ligne 1 par de petits points.

NL

De 2 rode lijnen komen precies op elkaar te liggen en vormen de hoek. De 2 vouwen met dun garen en kleine steken aan elkaar hechten. Lijn 3 wordt aan lijn 1 met zoomsteek vastgezet.

I

Le linee rosse accostanno una a l'altra, formando gli angoli. Unire i bordi di risvolto con filo fino. Fissare la linea 3 all linea 1 a punti piccoli.

D

Alle Holz- und Pappmaschee-Artikel wurden mit **RICO DESIGN** Acrylfarben und Lacken fertig konfektioniert.

GB

All wooden and papier mâché articles have been finished with **RICO DESIGN** acrylic paints and varnishes.

F

Tous les articles en bois et papier mâché sont confectionnés avec **RICO DESIGN** couleurs acryliques et vernis.

NL

Alle hout- en papier maché artikelen fabriceret met **RICO DESIGN** acrylkleuren en lakken.

I

Tutti gli articoli di legno e cartapesta confezionati con **RICO DESIGN** colori acrilichi e vernici.